CUENTA-OVEJAS

ISBN 0-439-78373-9

Text copyright © 2005 by Sergio De giorgi
Illustrations copyright © 2005 by Viviana Garófoli
All rights reserved. Published by Scholastic Inc.
SCHOLASTIC and associated logos are trademarks and/or registered trademarks of Scholastic Inc.

12 11 10 9 8 7 6 5 4 3 2 1   5 6 7 8 9 10/0

Printed in the U.S.A.   23

First Spanish printing, September 2005

Designed by Imaginerío – Proyectos editoriales
Sandra Donin – Gabriela Rovassio

CUENTA-OVEJAS

SERGIO DE GIORGI • VIVIANA GARÓFOLI

SCHOLASTIC INC.
New York Toronto London Auckland Sidney
Mexico City New Delhi Hong Kong Buenos Aires

Es una hermosa mañana de primavera.
"¿Qué será ese cartel?", se preguntó la oveja.

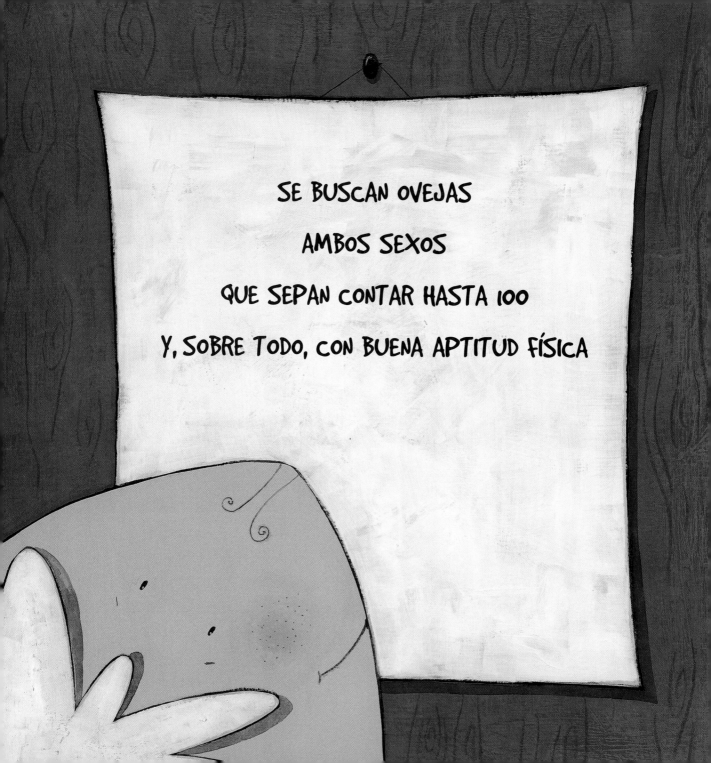

Tengo que estar bien limpia y perfumada.

Para pasar todas las pruebas...
tienes que tener buena vista,

tienes que saber correr y saltar
de muchas maneras distintas,

EXAMEN DE
APTITUD FÍSICA

Prueba de equilibrio

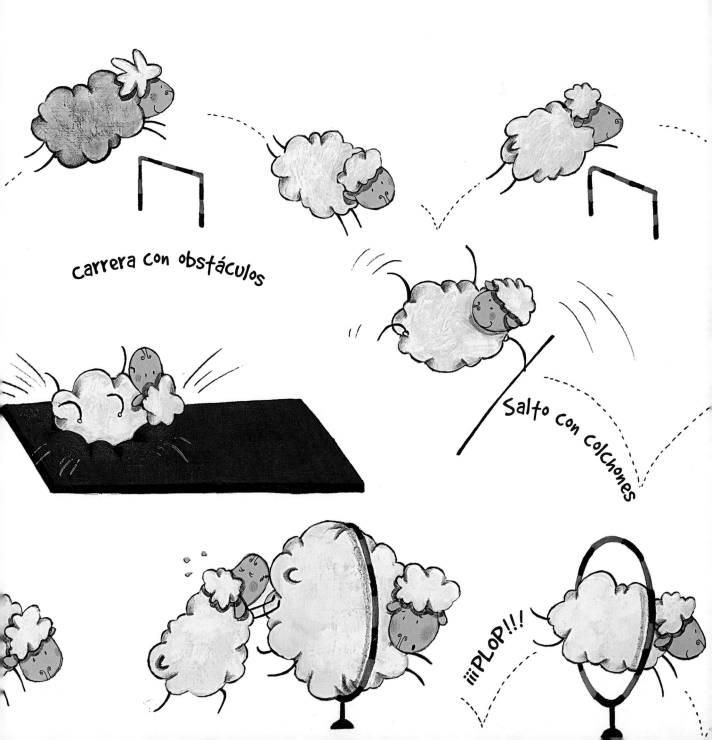

carrera con obstáculos

Salto con colchones

¡¡¡PLOP!!!

tienes que cepillarte los dientes después de comer

y, lo más importante, tienes que saber
los números y saber contar.

¡Lo conseguí! ¡Me eligieron!

Esperamos tanto tiempo que empezamos a aburrirnos y cuando estábamos a punto de dormirnos, escuchamos...

Todas nos ponemos de pie. Tengo que estar muy atenta para salir corriendo cuando muestren mi número.

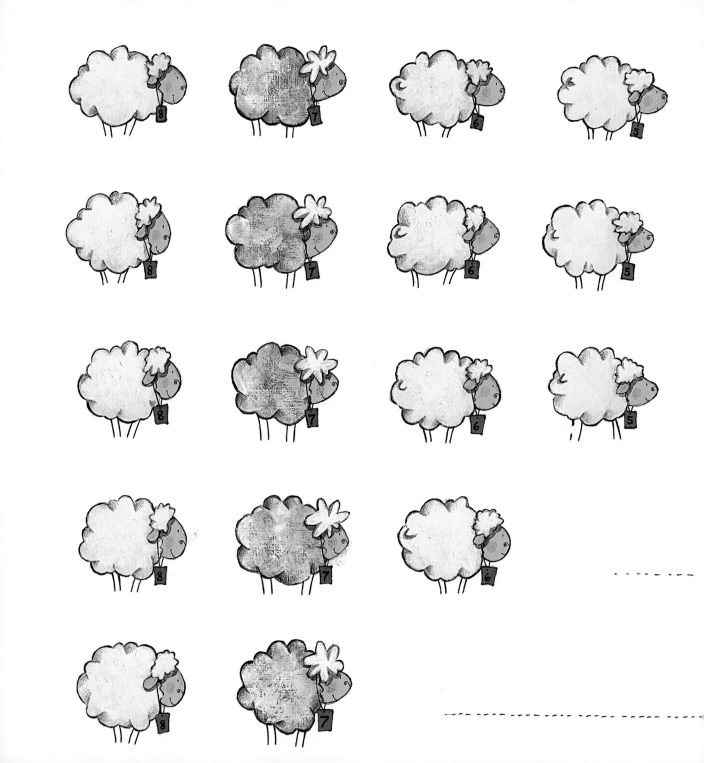

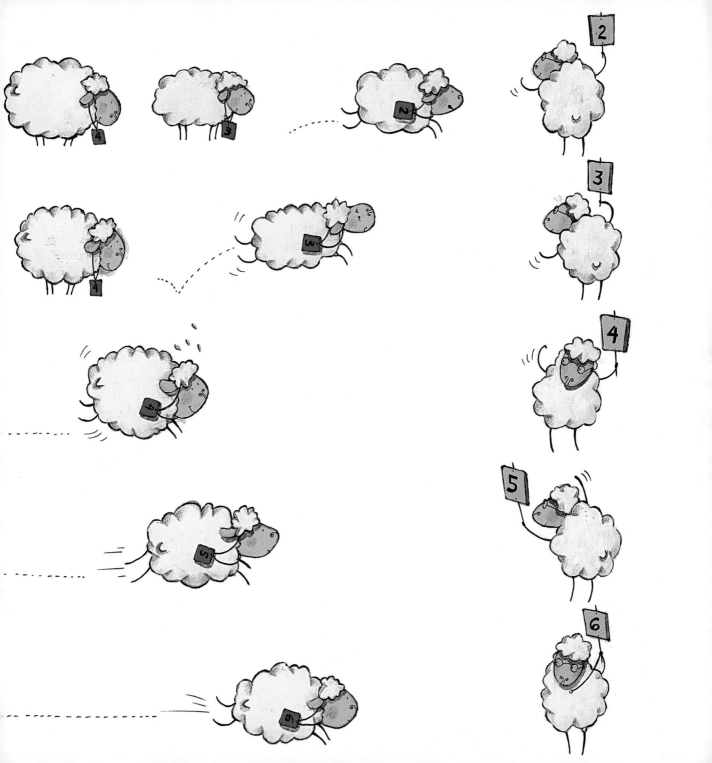

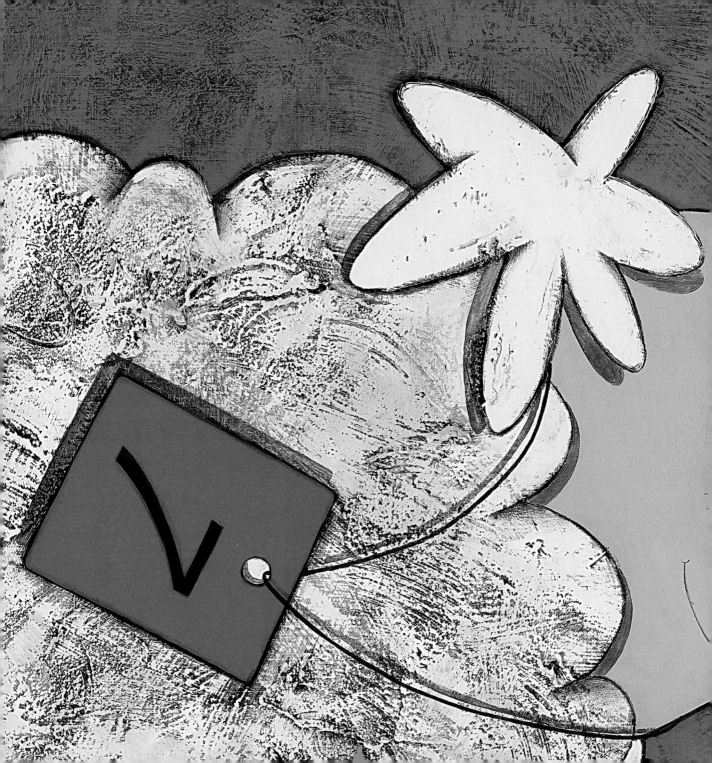

¡Sí! ¡El siete es mi número!

No parece muy difícil. Creo que puedo saltar sin problemas.

Por suerte la cerca no es muy alta.

Tengo que saltar sin hacer ruido
para que la niña se pueda dormir
y tenga dulces sueños.